MAURICE PROU

INVENTAIRE DES MEUBLES

DU

CARD. GEOFFROI D'ALATRI

(1287)

Extrait des Mélanges d'archéologie et d'histoire
publiés par l'École française de Rome.

ROME
IMPRIMERIE DE LA PAIX, PHILIPPE CUGGIANI
Rue della Pace, 35.
1885

MAURICE PROU

INVENTAIRE DES MEUBLES

DU

CARD. GEOFFROI D'ALATRI

(1287)

Extrait des MÉLANGES D'ARCHÉOLOGIE ET D'HISTOIRE
publiés par l'École française de Rome.

ROME
IMPRIMERIE DE LA PAIX, PHILIPPE CUGGIANI
Rue della Pace, 35.
1885

INVENTAIRE DES MEUBLES DU CARDINAL GEOFFROI D'ALATRI.

(1287.)

Geoffroi d'Alatri fut élevé à la dignité de cardinal diacre de Saint-Georges au Vélabre par Urbain IV en décembre 1261 (1). Ciacconius affirme qu'il mourut en 1287 pendant la vacance du siège apostolique (2). Ce qui est certain, c'est qu'il était déjà mort le 31 mai 1287, jour où fut dressé l'inventaire de ses meubles.

Cet inventaire, conservé aux Archives du Vatican sous la cote 469 A des *Archives d'Avignon*, est divisé en huit chapitres, où sont successivement énumérés : 1° les vases d'argent à couvercle ; 2° les vases d'argent sans couvercle, et quelques autres objets du même métal ; 3° l'argenterie de chapelle ; 4° les livres ; 5° les ornements ecclésiastiques et les étoffes de soie et de toile ; 6° les autres étoffes, les couvertures, les tapis, réunis à quelques objets tels que couteaux et vases de bois ou de verre (3) ; 7° les meubles déposés dans le cellier ; 8° les ustensiles de cuisine. Le poids des vases d'argent et leur valeur ont été évalués en bloc, sauf pour un très-petit nombre dont le poids est indiqué spécialement. A partir du chapitre IV jusqu'au chapitre VI inclusivement, on a pris soin d'estimer, généralement en florins, mais souvent aussi en provinois et en tournois, la valeur de chaque objet.

Les vases d'argent avec couvercle sont tous des coupes ; ces coupes sont dorées ; deux sont ornées d'émaux (art. 4, 5), quatre ont un couvercle surmonté d'un pignon (art. 2, 4, 6, 7). Les vases

(1) Voyez Ciacconius, *Vitae pontificum Romanor.*, éd. 1677, t. II, col. 160 ; Raynaldi, *Ann. eccles.*, t. III, p. 98.

(2) Ciacconius, *Ibid.*, col. 160, 254.

(3) On a cependant inséré dans ce chapitre des vases d'argent et des étoffes de soie, sans doute oubliés aux chapitres I et V.

non couverts appartiennent à différents genres : d'abord des coupes (art. 12 à 18) ; trois sont en *madre* (1) (*de mazara*, art. 41) montées sur un pied d'argent ; puis viennent les *sciphi* ou hanaps (2), tous sans pied (art. 19 à 23). D'autres vases sans couvercle sont désignés par le terme *urcei* (art. 24 à 27, 50) ; trois d'entre eux sont destinés à contenir de l'eau (art. 26) ; l'un est de façon espagnole (*ad modum hyspanicum*, art. 25) ; un autre est ce que les inventaires français appellent *pot à aumône* (art. 27, 36). On trouve un certain nombre d'écuelles (art. 28, 29, 31). Sous le numéro 30 figurent *tria gradalia cum pedibus*. Du Cange dans son Glossaire cite une charte de 1010 où il est question de deux *gradales* d'argent ; il se demande s'il s'agit de graduels avec une couverture d'argent. Mais, comme dans ce texte ces deux objets figurent à côté de deux hanaps, et que de plus ils sont munis de pieds, il n'est pas possible de voir dans les *gradales* de la charte de 1010, pas plus que dans les *gradalia* de notre inventaire, des livres à reliure de métal ; ce sont des vases dont la forme, croyons-nous, est encore à déterminer. *Gradale* est devenu en français *graal* (3) ; c'est dans le Saint-Graal que Joseph d'Arimathie avait recueilli le sang de Jésus-Christ. Au même chapitre sont inventoriés les plateaux (art. 32 à 34), les saucières (art. 35), les bassins (art. 37, 38, 49), dont un pour la barbe (art. 38), un vase avec manche pour l'encens (art. 39), puis des cuillères, et des broches (art. 40) qui jouaient sans doute le rôle de nos fourchettes. On a réuni aux vases quelques monnaies d'argent (art. 42) et une monnaie d'or avec deux pierres de Saint-Blandain (art. 43) ; je n'ai pas su déterminer la nature de ce dernier objet (4).

(1) Voyez de Laborde, *Glossaire*, p. 371.
(2) Voyez plus loin la note de l'article 19.
(3) Voyez de Laborde, *Glossaire*, v° Graal.
(4) Peut-être s'agit-il de saint Brandan, abbé de Cluainfert en Irlande au VIe siècle, fameux au moyen âge par ses voyages et ses découvertes d'îles merveilleuses, et dont la légende eut un grand succès. On peut en-

Viennent ensuite les anneaux d'or avec ou sans pierre (art. 44, 45), une statuette d'argent (art. 46), une très-petite croix d'argent destinée à être portée au cou (art. 47), et une paire de flacons (art. 48). L'argenterie de chapelle est peu nombreuse; j'y relèverai seulement deux vases pour le vin et l'eau du sacrifice dits *urceoli* (art. 55) et d'autres vases nommés *sciphi*, dont les uns sont en cristal avec pied d'argent, (art. 60) et les autres en *madre* (art. 61).

La liste des livres qui composaient la bibliothèque du cardinal Geoffroi offre un intérêt tout particulier. Sur 52 articles, 23 se rapportent au droit. Ces livres juridiques sont classés au premier rang. C'est qu'en effet les cardinaux avaient souvent à remplir le rôle de juges. Le pape leur confiait l'audition des causes ecclésiastiques. Geoffroi d'Alatri fut à maintes reprises commis par Honorius IV à l'examen d'affaires portées en cour de Rome. Il n'y a donc pas témérité à conclure que les livres de droit qui figuraient dans sa bibliothèque étaient ceux dont le tribunal suprême de la chrétienté faisait le plus fréquent usage à la fin du XIIIe siècle. L'inventaire nous fournit en outre des renseignements utiles pour l'histoire de la reliure; beaucoup de livres sont recouverts de simples ais, *cum tabulis* (art. 75, 82); l'article 113 ne permet pas de douter du sens de l'expression *cum tabulis*; quelquefois les ais étaient recouverts de cuir (art. 88); nous trouvons aussi un épistolier avec une reliure de cuir vert (art. 108), un missel avec une reliure de cuir rouge (art. 111). Quelques volumes n'ont qu'une couverture de papier (art. 80, 85, 113). Le samit était aussi employé à protéger les livres (art. 104, 116). Enfin pour certains volumes la couleur de la reliure est seule indiquée (art. 81, 98).

core supposer qu'il s'agit de pierres, sortes de talismans, qu'on croyait provenir de l'île à laquelle le saint irlandais avait donné son nom. Voyez, sur saint Brandan, Boll., *Acta Sanctor.*, Mai, t. III, p. 599 et Gaffarel, *Étude sur les rapports de l'Amérique et de l'ancien continent avant Christophe Colomb*, p. 173 et suiv.

Le chapitre V comprend les vêtements ecclésiastiques, les étoffes de soie et les *touailles*. Les couleurs des habits liturgiques, chasubles, chapes, dalmatiques, etc. sont très variées: le blanc, le violet, le rouge, le pourpre, le vert, le noir. Plusieurs de ces ornements, et surtout les nappes dont on couvrait l'autel, sont enrichis de broderies d'or. Une chasuble a des images brodées (art. 121); sur le parement d'un amict sont figurés des cerfs (art. 134); les apôtres sont représentés sur un autre parement (art. 137); une tunique et une dalmatique blanches sont rehaussées d'argent et de perles (art. 127). Quant aux espèces d'étoffes énumérées dans ce chapitre, ce sont d'abord le *samit* (art. 157, 160, 167, 168, 173), le *gastesamit* (*catassamitum*, art. 124, 152, 158), le diapre (art. 128, 165), le cendal (art. 156), le bougran (art. 172), le *canzi*, qui n'est probablement autre chose que le kandj des Arabes (1) (art. 161), le *pannus Tartariscus* (art. 129), le *pannus de Indico* (art. 166), les étoffes de Venise (art. 130) et de l'empire d'Orient (*de Romania*, art. 132), l'orfroi anglais (art. 175), des étoffes fabriquées dans la province de Lecce à Cursi (art. 173), et à Surano (art. 174).

Le chapitre VI renferme l'inventaire des vêtements non ecclésiastiques, des pièces d'étoffes non employées, des tapis et des couvertures. Parmi les vêtements nous remarquons les manteaux (*mantellus*, art. 186, 191, 192); l'un d'eux est muni d'un capuchon fourré de petit gris (art. 186). Une autre sorte de manteau est la chape (art. 187, 192 à 196, 203); elle a quelquefois un capuchon fourré de gris (art. 187, 193, 194) ou doublé de cendal (art. 195, 196); elle-même est faite de *brune* (art. 187, 194, 195), de serge (art. 196) ou d'étoffe de Surano (art. 203). Le cardinal Geoffroi possédait encore des *gonnes* (*guna*, art. 188, 193, 198,

(1) Voyez Molinier, *Inventaire du trésor du Saint Siège sous Boniface VIII*, dans *Bibl. de l'Ecole des Chartes*, t. XLVI, p. 26, et Michel, *Recherches sur les étoffes d'or et de soie*, t. II, p. 157.

202), des *garnaches*, fourrées ou non (art. 188, 191, 192, 202). Les couvertures sont dites *cultra*, en français *coutre*, ou *cohopertorium*, en français *couvertoir* (1). Les *coutres* sont en cendal (art. 177) ou en samit (art. 178 à 180). Un *couvertoir* est fait de drap violet d'Irlande (art. 184), un autre de peaux de belettes (art. 189), d'autres encore sont de *bleue* et fourrés soit de petit gris (art. 185), soit de peaux d'écureuils (art. 190). Je remarque huit chemises de lin (art. 235), des pièces de drap de Lombardie (art. 209, 210), des *touailles* ou nappes de Reims (art. 215) et d'Allemagne (art. 217 à 219), un grand nombre de tentures (*tentorium seu cortina*, art. 205, 225 à 230). Enfin viennent les matelas avec leurs traversins (*cum capitali*, art. 238, 239), des oreillers de plume (art. 233), des taies d'oreillers (art. 281), puis des tapis (art. 240 à 249) d'Espagne (art. 240), de Roumanie (art. 241, 244, 251), de Reggio (art. 243, 246, 247).

Les menus objets figurent à la suite des étoffes; ce sont des peignes d'ivoire avec leurs étuis (art. 255); des couteaux (art. 256, à 266, 292, 293) avec des manches d'ivoire, d'os ou de pierre, et la plupart dans des fourreaux; un objet de corail pour être porté au cou (art. 274), quelque chose sans doute comme la corne de corail qu'on porte aujourd'hui encore en Italie; un chalumeau d'or pour le saint sacrifice (art. 278); deux coupes de noix de l'Inde (art. 283); un autel portatif entouré de quatre lames d'argent (art. 284), et enfin un jeu d'échecs tout en ivoire (art. 295).

L'inventaire du cellier et de la cuisine ne saurait donner lieu à aucune remarque intéressante.

Le même manuscrit 469 A nous a transmis le compte des exécuteurs testamentaires de Geoffroi d'Alatri, à savoir Gervais, cardinal prêtre de Saint Martin, Benoît, cardinal diacre de Saint Nicolas *in Carcere Tulliano*, et François, chanoine d'Alatri et

(1) Je trouve cette expression dans des inventaires rédigés à Naples pour Charles d'Anjou, publ. dans Riccio, *Saggio di codice diplomatico*, t. I, p. 155.

chambrier du défunt. Ce document nous fait connaître les noms des personnages qui composaient la maison ou, pour parler la langue du temps, la famille du cardinal. Tout d'abord il avait auprès de lui deux évêques, un médecin, un chambrier, des chapelains et des clercs : c'étaient les familiers du premier rang ; la récompense qui leur fut assignée, aux termes du testament de Geoffroi, fut établie sur le pied de deux livres de petits tournois par année de service. Les damoiseaux viennent ensuite ; ils ne reçurent qu'une livre par année de service. On remarque que la plupart d'entre eux avaient d'abord rempli auprès du cardinal la charge d'écuyers. A ceux-ci il ne fut alloué qu'une récompense d'une demi-livre par an. Des marchands de Sienne furent les intermédiaires entre les exécuteurs et la plupart des légataires à qui ils durent remettre les sommes qui leur revenaient. Le cardinal Benoît et le chambrier distribuèrent les autres legs.

L'inventaire et le compte ont été écrits, le premier sur un cahier de papier de huit feuillets, le second sur un cahier de quatre feuillets. Le compte occupe les folios 1 à 3 et le folio 12 du volume actuel. En effet entre le troisième et le quatrième feuillet du compte, on a maladroitement inséré l'inventaire. J'ai cru cependant devoir publier en première ligne ce document, dont la rédaction a nécessairement précédé la répartition des legs ; d'ailleurs nous en avons la preuve au huitième chapitre du compte où se trouve mentionné le salaire attribué aux scribes qui avaient transcrit l'inventaire.

(fol. 4.) In nomine Domini amen. Anno ejusdem M° CC° LXXX VII°, indictione XV, sede apostolica vacante pastore, mensis Maii die penultima.

Hoc est inventarium factum per discretos viros dominum magistrum Johannem, cappellanum reverendi patris domini Gervasii tituli Sancti Martini presbyteri cardinalis, dominum Raynaldum Spatam, canonicum Anagninum, cappellanum reverendi patris domini B. Sancti Nicolai in carcere Tulliano cardinalis, nomine ipsorum cardinalium, et magistrum Franciscum, canonicum Alatrinum, olim camerarium bone memorie domini Gottifridi Sancti Georgii ad Velum Aureum diaconi cardinalis de bonis mobilibus ipsius domini G. cardinalis.

I.

In primis inventarium de argento seu vasis argenteis (1).

1) In primis, una cupa deaurata cum coperclo ad ymmagines.
2) Item, una cupa deaurata cum coperclo sine opere cum pingnaculo.
3) Item, una cupa deaurata cum coperclo cum opere ad modum rose (2).
4) Item, una cupa deaurata cum coperclo cum pingnaculo et smaltis.
5) Item, una cupa deaurata cum coperclo cum sex maltis.
6) Item, cupa deaurata cum coperclo et longo pingnaculo et acuto.
7) Item, cupa bassa deaurata cum coperclo cum pingnaculo rotundo.
8) Item, cupa parva deaurata cum coperclo.
9) Item, cupa deaurata cum coperclo ad modum antiquum.
10) Item, cupa deaurata cum coperclo cum pede fracto.
11) Item, cupa cum coperclo deaurata in aliqua parte sui.

II.

Vasa inferius descripta fuerunt sine coperclo.

12) In primis, cupa deaurata cum castellis in medio ipsius.
13) Item, cupa deaurata cum cervo in medio sculto.
14) Item, cupa deaurata cum smalto in medio.
15) Item, due cupe veteres deaurate.
16) Item, cupa deaurata cum tribus scutis in pede.

(1) Je n'expliquerai pas les mots dont le sens est donné soit dans le Glossaire de Du Cange, soit dans les glossaires spéciaux, ou qui sont connus par les inventaires précédemment publiés.

(2) *Inventaire de Charles V*, art. 264 : « Une coupe d'or à façon de roze ».

17) Item, due cupe cum cristallis.
18) Item, cupa parva per pecias deaurata.
19) Item, tres sciphi (1) intus deaurati sine pedibus.
20) Item, IX sciphi sine auro et sine pedibus, cum scultis ad undas.
21) Item, V scipi largi sine auro et sine pedibus veteres.
22) Item, sex sciphi curvi sine auro et sine pedibus.
23) Item, sex alii sciphi minores sine auro et sine pedibus.
24) Item, duo urcei magni sine aliquo opere.
25) Item, alius urceus ad modum Yspanicum.
26) Item, tres urcei parvi pro aqua.
27) Item, urceus pro helimosina.
28) Item, XXIII scutelle.
29) Item, IIII magne scutelle.
30) Item, tria gradalia cum pedibus.
31) Item, due scutelle cum pedibus.
32) Item, duo platelli magni.
33) Item, VI alii platelli parum minores prioribus.
34) Item, V alii parviores platelli.
35) Item, XIII salserii.
36) Vas ad modum navicule pro helemosina (2).
37) Item, duo baccilia.
38) Item, unum baccile pro barba.
39) Item, vas cum manico pro incenso.
40) Item, XXII coclearia cum tribus broccis.
41) Item, tres cupe de mazara cum pedibus de argento.
42) Item, monete argentee cum quibusdam pannis in uno sacculo.

(1) Voyez sur les *sciphi* une note de M. Molinier à propos d'un article de l'*Inventaire du Trésor du Saint Siège sous Boniface VIII*, dans *Bibliothèque de l'Ecole des Chartes*, t. XLIII, p. 302. Je crois qu'on doit traduire *scyphus* par *hanap*. En effet dans l'*Inventaire des biens de la comtesse Mahaut d'Artois* (1313), dont nous possédons deux textes, l'un en latin, l'autre en français, *hanap* correspond à *ciphus*, art. 32, 33, 34, dans *Bibl. de l'Ec. des Chartes*, 3e série, t. III, pp. 61, 62, 72.

(2) Ces sortes de vases se nommaient en français *pots à aumône*. Voyez l'*Inventaire de Charles V*, art. 360.

43) Item, quedam moneta aurea cum duobus lapidibus Sancti Blandani.
44) Item, XX anuli aurei cum lapidibus suis.
45) Item, tres anuli fracti, unus cum lapide et alii sine lapidibus.
46) Item, quedam ymago parva de argento.
47) Item, crux parvissima de argento ad portandum in collo.
48) Item, unum par flasconum de argento.
49) Item, duo baccilia.
50) Item, unus urceus.

III.

Argentum capelle.

51) In primis, crux deaurata cum pedibus.
52) Item, duo candelabra.
53) Item, unum turibulum.
54) Item, unus calix deauratus.
55) Item, duo urceoli pro vino et aqua sacrificii.
56) Item, quoddam vas ad modum navicule pro incenso.
57) Item, cupa pro hostiis.
58) Item, duo baccilia legata ecclesie Alatrine.

Summa totius argenti non deaurati facit CXXXII libras et IX uncias et quartam uncie, quod quidem facit C nonaginta novem marchas et unam unciam et quartam uncie.

Summa argenti deaurati facit XLIII libras, quod quidem facit LXIII marcas et dimidiam.

Summa (1) totalis tocius argenti domini Guodofredi cardinalis, exceptis duabus cupis con cristallo et uno canali parvo pro sanguine Christi recipiendo in calice et modica quantitate super una cupa de auro quam Lentus habet in pignus, quod argentum fuit ponderatum in domo domini Benedicti cardinalis in ipsius presencia et domini Gervasii cardinalis, II° LXVI marchas, VI uncias, et dimidiam. Valent ad tur. grossos VI° LXVII libr. Valent ad florenos

(1) Ce paragraphe a été ajouté.

auri M III^c IIII^xx flor. Et est sciendum quod dicti cardinales dederunt mercatoribus quamlibet marcham pro L tur. grossis, et, quia in dicto argento erat malum argentum, dederunt dicti cardinalas mercatoribus cifos de mazaro cum pedibus argenti et IIII marchas de argento .... (1) et quedam parva frustra argenti.

(fol. 5.) 59) Item, crux capelle ponderat IIII^or marcas.

60) Item, sciphi cristallini cum pedibus ponderant III marcas et tres uncias et quartam uncie.

61) Item, tres sciphi de mazara predicti ponderant III marcas et mediam quartam uncie.

62) Item, baccilia legata ecclesie Alatrine cum duobus sciphis predictis legatis Ambaldo et Gottifrido nepotibus domini cardinalis, ponderant VIII marcas et unam unciam et quartam uncie.

63) Item, inventa fuerunt per predictos dominos quinque platelli magni.

64) Item, due scutelle.

65) Item, X sciphi sine pedibus qui debent dari domino Riccardo notario prout dicebat dictus dominus Franciscus olim camerarius.

66) Item, duo flascones argenti, duo baccilia et unus calix qui sunt in providentia dicti camerarii prout ipse dicebat.

67) Item, unus urceus qui est restituendus mercatoribus Lucanis prout ipse camerarius dicebat.

IV.

Inventarium factum de libris dicti domini cardinalis.

68) In primis, Digestum vetus cum apparatu Accursi (2), extimatum flor. auri LX.

(1) Mot illisible.

(2) Accurse, jurisconsulte italien qui vivait à la fin du XIIe et au commencement du XIIIe siècle. Voyez Savigny, *Geschichte des Römischen Rechts*, c. XLII, t. V, p. 262.

69) Item, Infortiatum cum apparatu suo, ext. flor. L.

70) Item, Digestum novum cum apparatu, ext. flor. LX.

71) Item, Summa Goffredi super Decretalibus (1), ext. flor. VI.

72) Item, quoddam volumen antiquum qui incipit *Ad decorem sponse*, ext. flor. VI.

73) Item, Glose Ugolini super Digesto veteri (2), ext. flor. IIII.

74) Item, liber Institutionum et Autentice glosatus in uno volumine, ext. flor. XV.

75) Item, Summa Aczonis (3) cum tabulis, ext. flor. XV.

76) Item, Infortiatum cum apparatu antiquo in tribus partibus, ext. flor. XVI.

77) Item, Casus decretorum, ext. flor. IIII.

78) Item, liber Institutionum sine apparatu, ext. flor. II.

79) Item, aliud Digestum vetus cum apparatu antiquo, ext. flor. X.

80) Item, Decretales sine apparatu cum cohopertorio de cartis, ext. flor. VII.

81) Item, Decretales cum apparatu communi et Goffridi (4) cum cohopertorio nigro, ext. flor. X.

82) Item, alie Decretales cum apparatu Bernardi (5) cum tabulis, ext. flor. XX.

83 Item, Liber Codicis (6) cum apparatu antiquo et tribus libris cum tabulis et cohopertorio viridi, flor. XVI.

84) Item, alius liber Codicis cum apparatu antiquo sine tabulis, ext. flor. VI.

(1) Geoffroi de Trani, mort en 1245. On lui doit un ouvrage intitulé : *Summa super rubricis decretalium*. Voyez Schulte, *Die Geschichte der Quellen und literatur des Canonischen Rechts*, t. II, p. 88.

(2) Hugolin mourut peu après 1233. Voyez Savigny, *op. cit.*, c. XXXVIII, t. V, p. 45, et plus spécialement sur les gloses du *Digestum vetus*, p. 52.

(3) Azon, mort vers 1220. Voyez Savigny, *op. cit.*, c. XXXVII, t. V, p. 1; et Langlois, *La Somme Ace* dans *Mélanges d'archéologie et d'histoire de l'Ecole fr. de Rome*, t. V, p. 110.

(4) Geoffroi de Trani avait fait, outre sa Somme, des Gloses sur les Décrétales de Grégoire IX. Voyez Schulte, *op. cit.*, t. II, p. 88.

(5) Bernard de Parme, mort en 1263. Voyez Schulte, *op. cit.*, t. III, p. 114.

(6) Il s'agit du *Codex Canonum* de Denys le Petit.

85) Item, alie Decretales cum Glosa Goffridi (1) cum cohopertorio de cartis, ext. flor. VIII.

(fol. 5 v°.) 86) Item, libellus Roffredi de Benevento (2) in jure civili non tamen completus, ext. flor. II.

87) Item, Summa Johannis (3) super Decreto, ext. floren. V.

88) Item, liber Codicis cum apparatu Acursi cum tabulis et corio albo, ext. floren. XXX.

89) Item, summa Goffridi cum Casibus et quibusdam aliis Rationibus, ext. flor. VIII.

90) Item, Commentum sive Glose super Codice, ext. flor. II.

91) Summa predictorum librorum legalium CCCLXIII floren.

92) Item, una Biblia, ext. flor. XXX.

93) Item, alia Biblia minor, ext. flor. XXV,

94) Item, alia Biblia glosata in XIII voluminibus, ext. flor. CCL.

95) Item, decem volumina super alia Biblia:

Primus, Genesis.

Secundus, Numeri.

Tertius, Paralipemeonon.

Quartus, Ysaias.

Quintus, Jeremias.

Sextus, quinque libri Salomonis.

Septimus, Actus Apostolorum, epistole canonice et Appocalipsis in uno volumine, ext. flor. C.

Octavus, Evangelium Mathei et Marci.

Nonus, Duodecim prophete minores.

Decimus, Epistole Pauli.

(1) Voyez § 81.

(2) Sur Roffredus de Benévent, jurisconsulte de la première moitié du XIIIe siècle, voyez Savigny, *op. cit.*, t. V, p. 185 et 206.

(3) Il s'agit probablement de Jean de Faenza (Johannes Faventinus), mort vers 1190. Voyez Schulte, *op. cit.* t. I, p. 137. Jean d'Espagne a fait aussi une glose sur le Décret, mais elle est d'ordinaire désignée sous le titre de *Lectura super decreto.*

96) Liber Sententiarum, ext. flor. XII.

97) Item, Distinctiones fratris Mauritii (1), ext. flor. X.

98) Item, Postille fratris Thome de Aquino (2) cum cohopertorio rubeo, ext. flor. XX.

99) Item, liber Philosophi qui incipit: « Quoniam autem contingit », ext. flor XVI.

100) Item, Summa derivationum Uguitionis (3), ext. flor. X.

101) Item, duo antiphanaria (*sic*) diurna cum nota quorum unum est ext. flor. XV et aliud flor. V.

102) Item, liber epistolarum, ext. flor. V.

103) Item, missale, ext. flor. XVI.

104) Item, aliud missale cum cohopertorio samiti, ext. flor. XX.

105) Item, breviarium in duobus voluminibus cum nota, ext. flor. XXXVI.

106) Item, evangelistarium cum corio viridi, ext. VIII.

107) Item, aliud evangelistarium cum corio samiti rubei, ext. flor. VIIII.

108) Item, aliud epistolarium cum corio viridi, ext. flor. VIII.

109) Item, ordinarium, ext. flor. X.

(fol. 6) 110) Item, manuale, ext. flor. X.

111) Item, missale parvum cum corio rubeo, ext. flor. VI.

112) Item, liber Sequentiarum, ext. flor. II.

113) Item, tres libri sermonum quorum duo sunt cum cohopertorio de cartis et alius cum tabulis, flor. XIIII.

114) Item, antiphanarium diurnum gallicum cum coperhoptorio (*sic*) corii, ext. flor. VI.

115) Item, missale novum non ligatum, ext. flor. VIII.

(1) Maurice l'Irlandais, dominicain. Fabricius dit qu'il écrivit les *Distinctions*, sorte de dictionnaire des expressions bibliques, vers 1290 (Fabricius, éd. 1858, vol. III, p. 56). Mais le présent inventaire prouve que c'est là une erreur. Du reste Salimbene dit qu'il composa son œuvre à Provins vers 1248.

(2) Saint Thomas d'Aquin, mort en 1274, écrivit entre autres ouvrages *Postilla seu Expositio aurea in librum Geneseos*.

(3) Huguccio, canoniste de Bologne, mort en 1210.

116) Item, Apolegia Beati Ambrosii cum cohopertorio samiti violati, ext. flor. II.

117) Item, alia apolegia non ligata, ext. flor. II.

118) Item, unum psalterium cum missale antiquo, ext. flor. III.

119) Item, antiphanarium parvum nocturnum, ext. flor. I.

120) Item, liber Interpretationum Hebraicorum nominum, ext. flor. II.

Summa librorum ecclesiasticorum capelle et theologie, CCCCC LXXV flor.

V.

(fol. 6 v°.) *Inventarium ornamentorum pannorum de seta, et tobaliarum.*

121) Inprimis, planeta violata cum ymaginibus in frisio, ext. flor. XXX.

122) Item, pluviale violatum. ext. flor. XXV.

123) Item, planeta violata vetus, ext. flor. XV.

124) Item, tunica, dalmatica, planeta et pluviale de catassamito rubeo, ext. flor. LXX.

125) Item, tunica et dalmatica rubee nove, ext. flor. LXXV.

126) Item, tunica et dalmatica virides que sunt legata ecclesie Ulixbonensi, ext. flor. XXX.

127) Item, tunica et dalmatica albe cum argento et pernis, ext. flor. LXXX.

128) Item, pluviale novum de dyaspero albo, ext. flor. XL.

129) Item, pluviale de panno tartarisco, ext. flor. XLV.

130) Item, tunica de panno Veneto, dalmatica de panno Januensi veteres, ext. flor. XXV.

131) Item, aliud pluviale album de dyaspero, ext. flor. XXV.

132) Item, tunica et dalmatica veteres de panno albo de Romania, ext. flor. XVIII.

133) Item, planeta nigra, ext. flor. XXV.

134) Item, alba cum amicto cum paramento ad ymagines et cervos, ext. flor. XXV.

135) Item, alba cum paramento violacio ad ymagines, ext. flor. XXV.

136) Item, alba cum amicto ad pernas et paramento rubeo ad ymagines, ext. flor XXXIII.

137) Item, stola, manipulus cum amicto rubei coloris ad ymagines apostolorum, ext. flor. XIIII.

138) Item, stola, manipulus et cintorium violatum, ext, flor. IX.

139) Item, due stole, duo manipuli albi cum cintorio, ext. flor. VII.

140) Item, stola et manipulus rubi cum cintorio ad aurum, ext. flor. VII.

141) Item, IIII^or^ cintoria rubea, ext. flor. IIII^or^.

142) Item, stola foderata zendati violati, ext. flor. I.

143) Item, tria laquea rubea pro capella ad aurum, ext. flor. IIII.

144) Item, alba cum duobus amictis, ext. flor. VIII.

145) Item, stola et manipulus nigri coloris cum cintorio viridi ad ymagines, ext. flor X.

146) Item, duo stole, duo manipuli cum cohopertura corporalis, ext. flor. IX.

147) Item, pannus de sirico pro altari ad aurum. ext. flor. IIII.

148) Item, unus pannus ad aurum pro altare, ext. flor. III.

149) Item, alius pannus de purpura cum tobalia Alamanie pro altari, ext. flor. II.

150) Item, tobalia cum frisio pro altari, ext. flor. I et dimid.

151) Item XVI tobalie ad setam, ext. flor. XI.

152) Item, tres cotte, ext. flor. V.

153) Item, due burse ad setam et due alie de lana alba cum cintorio, ext. flor. VI.

(fol. 7.) 154) Item, una mitra cum frisio, ext. flor. I.

155) Item, pannus novus ad aurum pro altare cum tobalia frisata et alie due tobalie pro altari et alia tobalia pro patena calicis, ext. flor. XVI.

156) Item, III planete de zendato, una alba, alia viridis, et alia indica et unus pannus ad aurum pro altari cum tobalia frisata et aliis pro capella cottidiana, ext. flor. XII.

157) Item, due pecie de samite viridi, ext. flor. LXV.

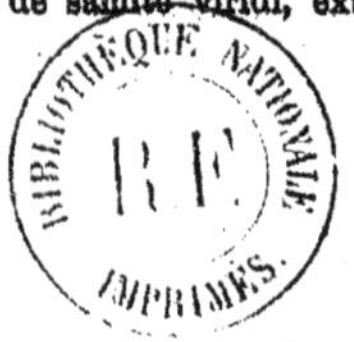

158) Item, una pecia panni catasamiti Lucani rubei, ext. flor. XXV.
159) Item, pecia zalda (1) de catasamito, ext. flor. XII.
160) Item, una pecia indica de samito, ext. flor. VIII.
161) Item, III pecie virides de canzi, ext. flor. XV.
162) Item, pecia una virgata coloris viridis, ext. flor. XII.
163) Item, una pecia purpure, ext. flor. III.
164) Item, una pecia panni celestrini cum auro, ext. flor. V.
165) Item, una pecia dyasperi albi, ext. flor. XIIII.
166) Item, una pecia pani de Indico, ext. flor. IIII^or^.
167) Item, due pecie de samito viridi, ext. flor. VIII.
168) Item, due pecie de samito violato, ext. flor. VII.
169) Item, unus tallus panni rubei, ext. flor. III.
170) Item, IIII^or^ tobalie de seta alba incannulate, ext. flor. XIIII.
171) Item, una pecia panni pro tobalia altaris circumdata rubeo, ext. flor. IIII^or^.
172) Item, una pecia de boccarano cum duobus tollie, ext. flor. III.
173) Item, unus tallus panni de Cursi (2) et alius tallus de samito albo, ext. flor. IX.
174) Item, due pecie de Suriano (3), ext. flor. VII.
175) Item, due pecie aurifrigii anglicani et duo talli aufrigii de Romania et quidam alii talli de frisiis, ext. flor. XII.
176) Item, XX tobalie cum aliis pannis, ext. flor. XVII.

Summa ornamentorum, pannorum de seta et tobaliarum que sunt in IIII^or^ scrineis extimata preter ornamenta legata septingenti floreni et dimidius.

VI.

(fol. 7 v°.) *Inventarium de pannis, cultris, tappetis, et aliis rebus dicti domini cardinalis.*

177) In primis, una cultra de zendato rubeo ex parte una et ex parte altera de zendato zaldo et indico, ext. flor. XVI.

(1) *Zalda*, jaune, *ital.* giallo.
(2) Cursi, commune de la province de Lecce, arrond. de Gallipoli.
(3) Surano, même arrondissement.

178) Item, cultra de catassamito indica, ext. flor. IX.

179) Item, cultra de samito zaldo cum fundo pani ad aurum, ext. flor. VI.

180) Item, alia cultra de samito rubeo ex parte una et ex alia parte de samito viridi, flor. XXIIII.

181) Item, quedam trapuncta laborata, ext. flor. IIII[or].

182) Item, alia trapuncta nova, ext. flor. V.

183) Item, alia trapuncta, ext. flor. III.

184) Item, unum cohopertorium panni violati de Irlandia, ext. flor. III et dimid.

185) Item, cohopertorium de blaveto foderatum pellibus de gliso, ext. flor. XII et dimid.

186) Item, matellus de bruna cum caputio foderato pellibus de gliso, ext. flor. XII.

187) Item, capa de bruna foderata flancis de conillis et caputio foderato de gliso, ext. flor. X.

188) Item, guna et guarnacia ad manicas foderata pellibus de scuroliis cum guarda coria, flor. IX.

189) Item, cohopertorium de mustela foderatum pellibus de iro (*sic*) ext. flor. III.

190) Item, cohopertorium parvulum de bleue pro capite foderatum pellibus de scuroliis, flor. I.

191) Item, mantellus et guarnacia de bruna sine fodera, ext. flor. VI.

192) Item, capa, matellus, et guarnacia sine manicis de bleue cum caputio infoderata, flor. XIIII et dimid.

193) Item, capa cum capucio foderato de gliso et gunna, ext. flor. VIII.

194) Item, capa de bruna cum capucio foderato de gliso, ext. flor. VIII.

195) Item, alia capa de bruno cum capucio foderato de zendato, ext. flor. V.

196) Item, capa de sarza rubea cum caputio foderato de zendato, ext. flor. III.

197) Item, VII brachia panni de bruna, ext. flor. VII.

198) Item, gunna de camelina, ext. flor. I.

199) Item, unum zelon̄. (*sic*) franciscum, ext. turon. XVI.
200) Item, carpita ultramarina, exstimata flor. VII.
201) Item, mantellus cum caputio de Suriano, ext. flor. IIII.
202) Item, gunna et guarnacia de Suriano, foderata de zendato, ext. flor. VI.
203) Item, capa de Suriano foderata de zendato indico, ext. flor. VI.
204) Item, unum papilionem panni linei circumdato zendato nigro, ext. flor. V.
205) Item, tentorium seu cortina de diversis pannis, ext. flor. XV.
206) Item, unum pecium panni XXIX brachiorum cum listis rubeis in capicibus, ext. flor. III.
207) Item, unum pecium panni de cortina remensi XXV brachiorum, libras VI provisenensium et solidos V.
(fol. 8) 208) Item, unum pecium panni de Lombardia XLII brachiarum, lib. IIII[or] et sol IIII provis.
209) Item, aliud pecium panni de eodem XXIIII[or] brachiorum, sol. XLVIII provis.
210) Item, aliud pecium panni de eodem XX brachiorum, sol. XL provis.
211) Item, V brachia de cortina, solid. XV provis.
212) Item, unus tallus de cortina et alius de guarnello VII brachia ext. sol. X provis.
213) Item, XXVI brachia panni romani, ext. XXVI sol. provis.
214) Item, duodecim brachia ejusdem panni, ext. sol. XII provis.
215) Item, una tobalia X brachiorum de Remis, ext. turon. XX.
216) Item, alia tobalia de decem brachiis, ext. turon. X.
217) Item, quedam tobalia de VIII brachiis de Alamania, ext. flor. II.
218) Item, alia tobalia de Alamania, ext. flor. III.
219) Item, tobalia stricta de Alamania, ext. turon. V.
220) Item, due tobalie ad setam in capitibus, ext. turon. VIII.
221) Item, due alie tobalie in uno pecio cum listis de bombacio, turon. VI.
222) Item, IIII tobalie pro manibus cum listis de bombacio, turon. VI.
223) Item, XXI tobalie, ext. turon. XXIIII[or].

224) Item, IIII^{or} paria linteaminum, ext. flor. VIII.
225) Item, tentorium de samito supra lectum, ext. flor. VIII.
226) Item, tentorium de sarza rubeo supra lectum, flor. II.
227) Item, tentorium de purpura supra capellam, ext. flor. II.
228) Item, cortina de Alamania ante lectum, ext. flor. II.
229) Item, cortina virgata de lana, flor. III.
230) Item, cortina de panno venator. (*sic*) (1), ext. flor. I.
231) Item, tria coria pro cohopertura, ext. flor. III.
232) Item, IIII^{or} tobalie, ext. turon. XII.
233) Item, VII auricularia de pluma, ext. flor. III et dimid.
234) Item, III coscini de corio, ext. turon. XII.
235) Item, VIII camisie line, ext. flor. IIII.
236) Item, III cornua de osse, ext. flor. IIII^{or}.
237) Item, duo mataracia cum uno capitali de pluma, ext. flor. XXX.
238) Item, unum mataracium cum capitali de bombacino, ext. flor. III et dimid.
239) Item, unum mataracium cum capitali de lana, ext. flor. II.
(fol. 8 v°.) 240) Item, unum tappetum Yspanicum, ext. flor. IIII^{or}.
241) Item, aliud tappetum de Romania, ext. flor. II.
242) Item, aliud tappetum fractum, ext. flor. I.
243) Item, aliud tappetum longum de Regio, ext. flor. IIII^{or}.
244) Item, aliud tappetum de Romania, ext. turon. XII.
245) Item, aliud tappetum, ext. turon. XII.
246) Item, aliud tappetum de Regio, ext. flor. III.
247) Item, aliud tappetum de Regio, ext. flor. II.
248) Item, aliud tappetum, ext. flor. II.
249) Item, aliud tappetum, ext. turon. V.
250) Item, una cortina de lana, ext. turon. XII.
251) Item tappetum longum de Romania, ext. flor. II.
252) Item, aliud tappetum longum fractum, ext. flor. III.
253) Item, aliud tappetum, ext. turon. XV.

(1) Peut-être faut-il corriger *venator*[*um*] en *Venetorum*.

254) Item, aliud tappetum, flor. I.

255) Item, V pectines de ebore cum casollulis eorum, ext. flor. III.

256) Item, duo cultelli cum manicis lapideis et vaginis, flor. IIII^{or}.

257) Item, duo cultelli cum manicis eburneis et cum duabus vaginis, ext. flor. II.

258) Item, duo cultelli cum manicis rubeis in una vagina, flor. I.

259) Item, duo cultelli cum manicis de cristallo et cum uno cultello acuto, turon. XV.

260) Item, unus cultellus sine vagina cum manico de osse albo laborato, turon. VI.

261) Item, duo cultelli cum manicis nigris fractis, turon. III.

262) Item, duo cultelli cum manicis nigris et vagina rubea, VI.

263) Item, IIII^{or} cultelli in una vagina, turon. V.

264) Item, unus cultellutius cum manico de metallo, turon. III.

265) Item, alius cultellutius parvulus cum manicis de ebore, turon. I.

266) Item, alius cultellutius cum manica lapidea rubea et cum berillis deauratis, turon. IIII.

267) Item, due manice de ebore, turon. III.

268) Item, una manica lapidea de dyaspero pro cultello, turon. VI.

269) Item, duo lapides de cristallo, floren. I.

270) Item, V ancoria de seta, ext. turon. XXX.

271) Item, quedam ymago Beate Marie de ebore, flor. I.

272) Item, una zona vetus de seta nigra cum apparatu de argento, turon. XV.

273) Item, alia zona vetus de seta rubea cum apparatu de argento, turon. XII.

274) Item, quoddam instrumentum de corallo quod portatur ad collum, ext. flor. I.

275) Item, unus cultellus cum manicis de corallo, flor. I.

(fol. 9) 276) Item, unum cintorium de seta viridi, ext. turon. XVI.

277) Item, una pecia de buccarano, turon. XVIII.

278) Item, unus cannulus de auro pro sacrificio, non ponderatus.

279) Item, due brocce de argento fracte et coclearia de argento et

una brocca argentea cum cornu serpentino et alia frustra parva argentea, non ponderata.

280) Item, unus sciphus parvus de mazara cum pede de argento fractus.

281) Item, tria cohopertoria de auricolariis.

282) Item, unum pecium panni lini subtilis, ext. flor. I.

283) Item, due cupe de nuce Indie, non ext.

284) Item, altare visticum, cum IIIIor lamnis argenteis in circuitu, non extimatum.

285) Item, unum pomum de ambra ligatum argento, non ext.

286) Item, due tobalie operate de seta, turon. II.

287) Item, LXX matassele auri filati et XX matassele argenti filati, non ext.

288) Item, unum vas vitreum cum balsamo, non ext.

289) Item, unum auricolarium, turon. III.

290) Item, unum dentillonum do argento, non ext.

291) Item, calamare ereum, turon. II.

292) Item, duo cultelli veteres cum manicis eburneis, ext. flor. I.

293) Item, duo alii cultelli veteres cum manicis de cristallo, flor. I.

294) Item, V urcei de metallo, ext. turon. XXXVI.

295) Item, tabularium de ebore cum tabulis et scalchis eburneis, non ext.

VII.

Inventarium de rebus cellarii.

296) In primis, tres ydrie de here.

297) Item, III urcei de here.

298) Item, una conca de here.

299) Item, una urcea de here.

300) Item, III sportelle.

301) Item, duo barilia lignea.

302) Item, X mantilia pro tabula mense inter magna et parva.

303) Item, VI cultelli pro mensa.
304) Item, IX vegetes (1) magne.
305) Item, IX vegeticule parve et due sunt apud Sanctam Sabinam (2).

VIII.

(fol, 9 v°.) *Inventarium de rebus coquine.*

306) In primis, caldarie due magne et una parva.
307) Item, V pulzonenti (3) de here.
308) Item, I sartagina (4) de here.
309) Item, due catene de ferro.
310) Item, I tripedium de ferro.
311) Item, I concatella de here pro aqua.
312) Item, I caza de here.
313) Item, duo paria testorum de here.
314) Item, I craticula ferrea.
315) Item, I caldarocia de here.
316) Item, I mandaria de ferro.
317) Item, duo cutelli.
318) Dua spica de ferro.

(fol. 1.) In nomine Domini amen. Hec est ratio pecunie expense pro anima bone memorie domini G., Sancti Georgii ad Velum Aureum diaconi cardinalis, per executores suos, secundum quod ipse mandavit (5).

(1) Tonneaux.
(2) Le cardinal Geoffroi avait sans doute un hôtel près du palais ou dans le palais de Ste-Sabine qui fut la résidence habituelle du pape Honorius IV.
(3) Je n'ai pu déterminer le sens de ce mot, non plus que celui du mot *mandaria* à l'article 316.
(4) Poêle à frire.
(5) Au dos du fol. 14 et dernier on lit : « . . . . usque ad diem mortis sue, mille VII^c L. flor. XI s. V d. proves. ». Et sur la même page : « Hec est ratio

I.

1) In primis, domino Valdebruno episcopo Avellinensi (1) IIII libre turonensium parvorum pro duobus annis quibus stetit cum ipso.

2) Item, domino electo Saonensi (2) V libr. et med. turon. parvor.

3) Item, magistro Roberto medico de Velletri XIIII libr. turon. parvor. pro VII annis quibus stetit in servitio suo.

4) Item, magistro Francisco olim camerario suo XXX libr. turon. parvor. pro XV annis quibus stetit in servitio suo.

5) Item, domino Gregorio de Judice capellano suo XVIII libr. turon. parvor. pro VIIII annis quibus stetit in servitio suo.

6) Item, magistro Johanni de Cavis capellano suo XVII libr. turon. parvor. pro VIII annis et dimidio quibus stetit in servitio suo.

7) Item, domino Leonardo de Ferentino (3) capellano suo XII libr. turon. parvor. pro VI annis quibus stetit in servitio suo.

8) Item, magistro Bartholomeo de Anag[nia] (4) capellano suo XVIII libr. turon. parvor. pro VIIII annis quibus stetit in servitio suo.

9) Item, Johanni Tringanti de Paliano (5) IX libr. turon. parvor. pro IIII^or annis quibus stetit in servitio suo.

10) Item, magistro Andree Maniarante de Verulis (6) capellano suo XL sol. turon. parvor. pro uno anno quo stetit in servitio suo.

rerum pertinencium ad executionem testamenti domini Guodofredi card., exceptis quibusdam libris et aliis postea venditis que continentur in una cedula que est in cofino domini Benedicti cardinalis con florenis ibidem legatis ».

(1) Avellino, évêché suffrag. de Bénévent, royaume de Naples. Cet évêque Valdebrunus n'est pas indiqué par Ughelli, *Italia sacra*, t. VIII, col. 194. Mais c'est sans doute le même qui figure dans Gams, *Series episcoporum*, p. 854, sous le nom de *Valderunus*.

(2) Evêché de Sagona en Corse.

(3) Ferentino, commune de la Province de Rome, arrond[t] de Frosinone.

(4) Anagni, arrondissement de Frosinone.

(5) Paliano, même arrond[t].

(6) Veroli, même arrond[t].

11) Item, Theodino de Ceccano (1) clerico suo XVI libr. turon. parvor. pro VIII annis quibus stetit in servitio suo.

12) Item, fratri Jacobo de Senis (2) de ordine sancti (*sic*) XXIIII^{or} libr. turon. parvor. pro XII annis quibus stetit in servitio suo.

(fol. 1 v°.) 13) Item, magistro Odoni qui docuit nepotes domini cardinalis XII libr. turon. parvor. pro remuneratione servitii sui.

14) Item, Petro Razactaro de Alatro (3) clerico suo XL sol. turon. parvor. pro servitio suo.

15) Item, Johanni de Monte Sancti Johannis (4) clerico suo XX sol. turon. parvor. pro servitio suo.

16) Item, presbytero Adulfo XX sol. turon. parvor. pro servitio suo.

II.

Domicelli.

17) Item, Roggerio de Alatro XXII libr. turon. parvor. pro XXII annis quibus stetit cum ipso tanquam damicellus. Item, pro tribus annis quibus stetit tanquam scutifer XXX solidos turonensium.

18) Item, Gottifrido de Oliva X libr. turon. parvorum pro X annis quibus stetit cum ipso tanquam damicellus et pro VIIII annis quibus stetit tanquam scutifer IIII^{or} libr. et dimidiam turonensium.

19) Item, Johanni de Cereperano (*sic*) (5) damicello suo XI libr. turon. parvor. pro XI annis quibus stetit in ejus servicio.

20) Item, Castellino damicello suo X libr. turon. parvor. pro X annis et IX mensibus quibus stetit in servitio suo.

21) Item, Landulfo Zeteketella de Alatro XI libr. turon. parvor. pro XI annis quibus stetit in servitio suo.

22) Item, Gregorio de Vico XV sol. turon. parvor. pro uno anno

(1) Ceccano, arrondissement de Frosinone.
(2) Sienne.
(3) Alatri, arrond^t de Frosinone.
(4) Monte San Giovanni Campano, même arrond^t.
(5) Ceprano, même arrond^t.

quo stetit tanquam damicellus et IX lib. tur. parvorum pro XVIII annis quibus stetit tanquam scutifer.

23) Item, Adenulfo V libr. et dimidiam turon. parvor. pro remuneratione sui servitii.

24) Item, Stephano Saraceno XI libr. turon. parvor. pro XI annis quibus stetit in servitio suo.

25) Item, Johanni dicto Caputio de Sculcula (1) XXXV sol. turon. parvor. pro servitio suo.

26) Item, Ambrosio Lombardo VI libr. turon. parvor. pro VI annis quibus stetit in servitio domini.

27) Item, magistro Aldrebandino coquo IIII[or] libr. VI sol. VIII den. turon. parvor. pro IIII[or] annis et parum plus quibus servivit domino.

(fol. 2.) 28) Item, Petro de Reate (2) coquo XXXV sol. turon. parvor.

29) Item, XX flor. pro expensis nepotum domini cardinalis quando recesserunt.

III.

Scutiferi.

30) Item, Bonovino pro XIIII annis et dimid. quibus stetit in servitio domini VII libr. et V sol. turon. parvor.

31) Item, Canturino pro VI annis quibus stetit in servitio domini III libr. turonensium parvorum.

32) Item, Theodorico pro VI annis, III libr. turon. parvor.

33) Item, Aymoni, pro IX annis quibus stetit in servitio domini IIII[or] libr. et dimidia turon. parvor.

34) Item, Zutio pro XI annis quibus stetit in servitio domini, V libr. et dimid. turon. parvor.

(1) Sgurgola, arrondissement de Frosinone.
(2) Rieti, dans l'Ombrie, province de Pérouse.

35) Item, Johanni Angelerii pro VIII annis quibus stetit in servitio domini, IIII^{or} libr. turon.

36) Item, Jacobo Porcelle de Alatro pro uno anno et VIIII mensibus quibus stetit in servitio domini, XVII sol. et dimid. turon.

37) Item, Rivo pro uno anno et dimidio quibus fuit in servitio domini, XV sol. turon.

38) Item, Greco pro uno anno et IX mensibus, XVII sol. et dimid. turon. pro servitio suo.

39) Item, Landulfo Zogo de Alatro pro uno anno, X sol. turon. pro servitio suo.

40) Item, Iohanni magistri Giraudi de Alatro pro VIII annis quibus stetit in servitio domini, VIII libr. turon. parvor.

41) Item, fratri Jacobo de Senis, XX libr. provis.

42) Item, pro pannis filie Rofridi de Sculcula monialis Sancti Andree de Fractis (1), floren. VI.

43) Item, Odoni Palanga pro XX annis, XX libr. tur.

44) Item, Gualterius, XXI libr. turon.

45) Item, Leonus, XLVI sol. et VIII d. turon. parvor.

46) Item, Stephanus Sarracenus pro testamento VIIII flor. auri.

47) Solverunt supernis scripta mercatores. Summa IIII^{c} VI libr. X den. turon. parvor. qui valent VII^{c} XLIX flor. auri VII sol. VIII den. tur. parvor. (2).

IV.

48) Item, dominus Riczardus de Alatro pro Plubella et Riczardina filiabus suis, II flor auri.

49) Item, Petrus Cascus, LXXX flor. auri.

(1) Saint-André *delle Fratte*, monastère de Rome, à l'administration duquel le cardinal Geoffroi d'Alatri avait été commis par Honorius IV le 24 septembre 1285 (Bulle n° 108, fol. 38 du registre de la première année d'Honorius IV, Archives du Vatican).

(2) Le § 47 a été ajouté.

50) Item, magister Andreas Maniarant de Verulis, XII turon. crossos.

(fol. 2 v°) 51) Item, mercatores habuerunt pro pannis familie et pellibus variis missis domino Petro CLXXIII flor. et med. auri minus LII den. provis.

52) Item, Blasius speciarius habuit pro cera exequiarum, medicinis, candelis et speciebus: CLXXV flor. auri et XVII sol. provis.

53) Item, Emanuel judeus pro tunica et dalmatica nigris, XXI flor. auri.

54) Item, Rogerius XLVIII flor. auri et XVIII s. provis.

55) Item, Philippus de Ceccano, IIII flor. auri et med.

56) Item, Nunzuli, II flor. auri.

57) Item, dominus Johannes Petri Henrici habuit XC flor. auri et restituit unam cupam coperclatam et unum par baccilium.

58) Summa de hiis que dominus Benedictus cardinalis solvit et camerarius domini Guodefridi que scripta sunt post illa que solverunt supernis mercatores, est: floren VII° LXXXX VI floren. XI sol. VIII den. prov.

59) Summa totalis pro misiis supernis scriptis persoluta per mercatores, dominum Benedictum, et camerarium domini Guodefredi, est mille V° XLV flor. XI sol. VIII den. turon. parvor. (1).

V.

(fol. 3.) *Hec est ratio in grosso de bonis testamenti domini Gottifridi cardinalis que apparet per particulas in libro rationum.*

60) Summa totalis argenti venditi, substractis duabus cuppis et duobus bacinis legatis in testamento certis personis et locis que valent LXXV flor., est M. CCC. V flor. auri.

61) Summa totalis paramentorum cum pertinentiis venditorum VI° XXXII flor.

(1) Les §§ 58 et 59 ont été ajoutés.

62) Summa robe et tapetorum venditorum totalis CCCLXV flor.

63) Summa totalis equorum venditorum LXXVI flor.

64) Summa totalis cellarii et coquine, vegetibus exceptis XXVII flor.

65) Summa summarum totalis pro omnibus supradictis MMCCC LXXXXI flor.

VI.

Hic continentur in grosso solutiones et misie facte ratione dicti testamenti que particulariter apparent in libro rationum.

66) Primo, mercatoribus Senensibus solutum est VIII° LIX flor. auri IX sol. IIII den. provis.

67) Item, summa totalis soluta familie VII° XLIX flor. VI sol. VIII den. turon. parvor.

68) Item, summa totalis soluta domino Ricardo de Alatro et Petro Casco et domino Johanni Petri Henrici et pro pannis familie exequiis et cera, medicinis et aliis VII° LXXXVI flor. XI sol. VIII den. pruvis.

69) Summa summarum totalis solutionis et expensarum predictarum MMCCCCIIII flor. VI sol. VIII den. turon. parvor. et XXI sol. pruvis.

70) Sciendum enim est quod de M. VII° L flor. et XI sol. V den. pruves. satisfactum est mercatoribus Senensibus de VIII° LIX flor. IX sol. IIII den. pruves., prout superius dictum est, et in finalem rationem factam cum eisdem debent habere dicti mercatores per totum VIII° LXXXXI flor. XXIII d. pruves.

71) .... (1) sciendum est quod facta collatione et defalcatione de omnibus misiis et receptis superius nominatis recepta excedit ..... in uno floreno auro.

(1) Mots effacés.

VII.

(fol. 3 v°.) *Post omnia vero supradicta contenta in pagina precedenti recepimus de hiis que vendita fuerunt ea que sequuntur.*

72) Primo, pro una biblia glosata domino Jordano cardinali vendita C et XL flor. auri.

73) Item, pro uno epistolari et evangelistario, XVI flor.

74) Item, pro ff. (1) novo et inforciato venditis domino H. cardinali, C flor.

75) Item, pro derivationibus Huguezionis (2) et uno ordinario, XVI flor.

76) Item, pro uno alio evangelistario et epistolari, XVI flor.

77) Item, ab eodem cardinali pro duobus anulis, XLIIII flor.

78) Item, pro omnibus aliis anulis, LXVI flor. et XI tur. grossos.

79) Item, pro Distinctionibus fratris Mauritii (3), X flor.

80) Item, pro Decretalibus cum apparatu Gaufridi (4), X flor.

81) Item, pro ff. veteri vendito domino Albano, XLV flor.

82) Item, pro duobus bacinis et una cuppa cooperta quos reddidit domino Benedicto Johannes Petri Henrici, qui ponderant XV marchas et I unciam, LXXXI flor. et dimid.

83) Item, pro parva moneta de oblationibus dicti domini Gottifredi, III flor. et dimid.

84) Item, pro vegetibus venditis, XXVIII flor.

85) Item, pro quibusdam peciis argenti que erant circa quoddam altare portatile, III flor. XV sol. V den. pruves.

86) Item, pro scutellis de stamine seu de latonno, pro una vegete, pro scriniis fractis, pro uno mitrario, pro duobus coriis, pro

(1) Sur l'abréviation *ff* désignant le Digeste voyez Fitting, *Ueber die Entstehung des Zeichens ff für die Digesten*, dans *Zeitschrift für Rechtsgeschichte*, vol. XII, p. 300.

(2) Voyez plus haut l'*Inventaire*, art. 100.

(3) *Inventaire*. art. 97.

(4) *Inventaire*, art. 81.

residuo vini post recessum camerarii quod residuum valuit VII turon., pro uno freno et pro quibusdam aliis minutis et particulariter collectis, XII flor. XIX sol. pruves.

VIII.

(fol. 12 v°.) *Est misia et expensa de receptis que incipiunt :*

87) Primo, pro una biblia glosata que in alio folio continetur, solvimus mercatoribus Senensibus, IIII° flor.

88) [Item] Gottifredo et Hambaldo filiis domini Johannis de Secan[o] pre una cuppa eisdem legata ponderis IIII^{or} march. argenti, XXV flor.

89) [Item] Jacobe nepti defuncti cardinalis pro una alia cuppa ejusdem ponderis eidem legata, XXV flor.

90) Item, domine Bartholomee alteri nepti ejusdem cardinalis pro reparticione (1) cujusdam molendini legati eidem, XXXII flor.

91) Item, fratribus heremitis penes quos jacet idem cardinalis, XVI flor.

92) Item, magistro Johanni medico domini Benedicti pro servicio suo, X flor.

93) Item, magistro Roberto quondam medico ejusdem cardinalis, VIII flor.

94) Item, taxatoribus rerum venditarum et vendendarum, VI flor.

95) Item, clericis qui dixerunt officium et vigilaverunt circa corpus de nocte, XVIII turon. gross.

96) Item, illis qui scripserunt inventaria, V turon. gross.

97) Item, pro oleo lampadis Sancte Marie de Populo que ardet ante corpus, I flor.

(1) Corrigez *reparacione.*

www.ingramcontent.com/pod-product-compliance
Ingram Content Group UK Ltd.
Pitfield, Milton Keynes, MK11 3LW, UK
UKHW020435220726
13923UKWH00005B/2179